c'est moi
qui lis

Keep me clean!

Please don't handle me with soiled hands.

Gribouille le chien de la plage

Une rencontre de vacances
racontée par Wolfram Hänel
et illustrée par Kirsten Höcker

Traduction de Danièle Simon

Éditions Nord-Sud

 Imprimé en Italie
Loi n° 49-956 du 16 juillet 1949 sur les publications destinées à la jeunesse
Dépôt légal: 1er trimestre 1999
ISBN 3 314 21173 2

Lisa et ses parents s'en vont passer les vacances de Pâques à la mer. Il ne fait pas encore très chaud, mais maman a déclaré:
«Peu importe le temps, l'essentiel est d'être bien couvert!»

Alors ils ont emporté des gros pulls, leurs imperméables et leurs bottes en caoutchouc. Après une longue route, les voilà enfin arrivés dans leur maison de vacances, juste au bord de la mer.

Mais le papa de Lisa reste assis
devant la cheminée à surveiller le feu.
Et sa maman passe tout son temps
à lire, allongée sur le canapé.
«Si on allait sur la plage pour voir
ce que la marée a déposé cette nuit?»
propose Lisa.
«Il fait beaucoup trop froid»,
marmonne papa.
«Il y a beaucoup trop de vent»,
ajoute maman.

«Tant pis, alors j'irai toute seule», décide Lisa en enfilant ses bottes. C'est vrai qu'il fait froid dehors! De gros nuages noirs obscurcissent le ciel, et le vent siffle et gémit tout en fouettant le ciré jaune de Lisa. Péniblement, elle escalade la dune et soudain, la mer apparaît devant elle.

Les vagues sont blanches d'écume.
Elles se brisent sur la plage
dans un vacarme aussi assourdissant
qu'un train de marchandises.
Il n'y a personne à l'horizon,
à part Lisa.

Prudemment, elle avance jusqu'au bord de l'eau, là où le sable s'enfonce sous les pas, là où les cailloux sont tout mouillés et brillants.

Tiens! Une bouteille vide!
Peut-être qu'un bon génie
est enfermé à l'intérieur?
Juste à côté, Lisa découvre une plume:
c'est sûrement une plume d'aigle!

La plage est jonchée de pinces
de crabes et de coquillages:
des moules, des huîtres
et des couteaux.
Il y a même un bigorneau!

Alignées le long du rivage, plusieurs mouettes attendent: elles guettent ce que la prochaine vague va bien pouvoir leur apporter. Lisa prend son élan et court dans leur direction. Elle agite les bras comme si elle était un énorme rapace et crie de toutes ses forces:
«Je vais vous attraper!
Je vais vous attraper!»

Les mouettes déploient leurs ailes et, tout en piaillant de colère, se laissent emporter par une rafale de vent.

Brusquement, le soleil apparaît entre les nuages. Lisa en profite pour enlever ses bottes et ses grosses chaussettes de laine. Mais le sable est encore bien trop froid pour s'y promener pieds nus! Alors elle sautille sur un pied tout en essayant de remettre sa botte sans toucher le sable.

Tout à coup Lisa s'arrête, comme
paralysée: quelque chose a bougé,
là-bas, dans les dunes.
Elle retient son souffle; son cœur
bat à tout rompre.
On dirait... un animal.
Et un gros!
Au moins aussi gros qu'un ours!
Le voilà qui s'approche de Lisa
en faisant d'énormes bonds...

Lisa fait demi-tour et s'éloigne
comme si de rien n'était,
comme si elle voulait justement
repartir de toute façon,
comme si elle n'avait même pas
remarqué le drôle d'animal.
Mais il est déjà tout près d'elle
et se met à aboyer. C'est un chien!
Un chien qui a l'air plutôt gentil
malgré sa taille.

«Mais dis donc! je te connais, toi!»
s'écrie Lisa.
Son livre préféré raconte l'histoire
d'un chien qui vit tout seul
sur la plage, dans une cabane
cachée derrière les dunes.
Il a de longs poils tout ébouriffés,
exactement comme celui-ci.
Le chien du livre s'appelle Gribouille.

«Bonjour Gribouille, dit Lisa, comment vas-tu?» Le chien incline la tête et remue la queue. Pas de doute, c'est bien lui, pense Lisa.

Elle se met à courir, et le chien court à côté d'elle en aboyant. Puis elle lance un bout de bois en l'air, et aussitôt le chien l'attrape et le lui rapporte. Alors Lisa lance le bout de bois dans les vagues, et le chien se jette à l'eau pour aller le rechercher. Lisa zigzague sur la plage, et le chien fait de même. Elle fait le poirier, la roue et des culbutes. Et à son tour, le chien se couche sur le dos et se roule dans le sable.

Enfin, à bout de souffle, tous deux
se laissent tomber sur le sable.
À nouveau, le chien incline la tête
et remue la queue.

«On recommence à jouer dans cinq
minutes, d'accord? dit Lisa
en lui caressant doucement la tête.
Je fais juste une petite pause...»

C'est alors que Lisa aperçoit son papa.
Elle le voit arriver de loin, sautillant
au bord de l'eau pour éviter les vagues.
Son imperméable claque au vent
comme un drapeau.

On dirait une mouette! se dit Lisa.
Une énorme mouette bien dodue
qui apprend à voler.
Elle éclate de rire.
Le chien dresse l'oreille.
«N'aie pas peur, le rassure Lisa,
ce n'est que mon papa.»
Mais en quelques bonds, le chien
a disparu derrière les dunes.

«Qu'est-ce que c'était que ça?» demande papa.
«C'était Gribouille, répond Lisa tout excitée. Tu sais, le chien de mon livre. Il existe vraiment!»
«Ne raconte pas de bêtises, dit papa. Et puis de toute façon, je ne veux pas que tu joues avec des chiens que tu ne connais pas, tu le sais.»
«Mais je le connais, puisque c'est Gribouille!» reprend Lisa.
«Allons, allons... Viens maintenant, l'interrompt papa, maman nous attend pour le déjeuner.»

Lisa suit son papa à travers les dunes, luttant contre le vent qui tourbillonne autour d'elle comme s'il voulait l'emporter dans les airs.
Elle se retourne une dernière fois, mais le chien a bel et bien disparu.

Maman a préparé de la purée
avec des saucisses, mais Lisa
n'a pas faim.
Elle n'arrête pas de penser
au chien de la plage.
«C'est sûrement lui, dit-elle.
Il a exactement la même tête,
et puis il vit tout seul, quelque part
dans les dunes...»

«Ça va, j'ai compris, dit maman.
Je crois qu'il va falloir t'accompagner jusqu'à la plage pour aller voir ton fameux chien de plus près, pas vrai?»
«Alors on y va tout de suite!» s'écrie Lisa en se levant d'un bond.

«C'est ici!» explique Lisa en arrivant à côté du petit seau rose qu'elle avait remarqué tout à l'heure.
Mais aucune trace de Gribouille!
«Et le chien, lui, où est-il?» demande maman.
«Je n'en sais rien, répond Lisa.
Attendez ici une minute, je vais le chercher.»
Maman frissonne:
«Pourvu que ça ne dure pas trop longtemps, je meurs de froid.»

«Pourvu que le feu ne s’éteigne pas dans la cheminée», marmonne papa qui s’impatiente déjà.

Pourvu que je le retrouve,
mon Gribouille, se dit Lisa
en escaladant les dunes.
Et soudain, le voilà, juste devant elle!
Il incline la tête et remue la queue,
comme s'il n'attendait qu'elle.
«Viens vite, lui dit Lisa, il faut
absolument que je te montre
à mes parents: ils ne veulent
pas croire que tu existes vraiment...»

Tous deux se laissent rouler
jusqu'au pied des dunes,
puis ils se mettent à courir.

«Le voilà! crie Lisa à ses parents. Gribouille en chair et en os! Qu'est-ce que je vous disais?» Gribouille décrit tout d'abord un grand cercle autour des parents de Lisa, mais tout à coup il se met à aboyer très fort. Puis il bondit en plein dans une énorme flaque, juste à côté d'eux! Maman a tout juste le temps de sauter en arrière, mais papa n'est pas assez rapide: il se retrouve trempé de la tête aux pieds.

Le chien prend alors son élan pour sauter à nouveau, mais papa lui ordonne: «Assis!» Et le chien s'assied.

«Couché!» crie maintenant papa.
Et le chien se couche sur le sable.
«Vous voyez, je sais comment
m'y prendre, moi, avec les chiens!»
déclare fièrement papa.
«Et maintenant, debout! Allez,
plus vite que ça!»
D'un seul bond, le chien se lève,
et avant que papa n'ait eu le temps
de dire ouf, il a déjà posé ses deux
grosses pattes trempées sur ses épaules.

Une langue toute râpeuse lui lèche affectueusement le visage. Papa est si surpris qu'il en perd l'équilibre. Désespérément, il agite les bras comme une mouette qui bat de l'aile, mais finit quand même par tomber à la renverse.
«Il n'y a pas à dire, tu sais vraiment comment t'y prendre avec les chiens, toi!» se moque maman.

Déchaîné, le chien saute autour
de papa en aboyant, et tente
à plusieurs reprises de le renverser
sur le dos pour jouer.

Mais tout à coup, un scooter arrive en pétaradant. L'homme qui le conduit a l'air d'un pêcheur et leur crie quelque chose, mais ils n'arrivent pas à comprendre un seul mot de ce qu'il dit.
Lorsqu'il arrête enfin le moteur de son engin, on n'entend plus que le vent et les mouettes.

«Bonjour monsieur», dit papa
en frottant le sable de son pantalon.
«Bonjour m'sieu dames, répond
l'homme, je viens chercher mon chien.»

«C’est VOTRE chien?» s’exclame Lisa. «Oui ma petite, répond le pêcheur. Je le dépose ici chaque matin quand je me rends au port. Je ne peux pas l’emmener en bateau: le pauvre a le mal de mer! Et dans l’après-midi, je passe le reprendre.»

«Mais... il ne vit donc pas sur la plage, dans une cabane cachée derrière les dunes?» demande Lisa.
«Eh non, fillette, répond le pêcheur en riant, nous habitons le village voisin, à quelques kilomètres d'ici en longeant la mer. D'ailleurs, il est temps pour nous de rentrer. J'ai rapporté quelques belles morues qui attendent de passer à la poêle! Allez Gribouille, on y va!»

«Quoooi? s'écrie Lisa. Comment l'avez-vous appelé?»
«Gribouille», répond l'homme en leur faisant un signe d'adieu.
Le chien bondit sur la selle et aussitôt, le scooter s'éloigne en pétaradant de plus belle.

«Alors là, je n'y comprends plus rien!» soupire Lisa en jetant un regard stupéfait à ses parents.
Juste à cet instant, le chien se met à aboyer joyeusement en se tournant vers elle. Lisa éclate de rire...

«En tout cas pour moi, les vacances sont sauvées, dit-elle. Je vais venir ici chaque matin pour jouer avec Gribouille. Comme ça, vous pourrez rester tranquillement à la maison, bien au chaud.»
«Pas question, répond papa, je t'accompagnerai. Et tu verras, la prochaine fois c'est moi qui le renverserai, ton Gribouille...»

«Je voudrais bien voir ça!» dit maman.
«Alors il faudra que tu viennes aussi», réplique Lisa.
Comme Gribouille tout à l'heure, elle bondit alors sur son papa sans crier gare, et le renverse sur le sable. Et tous les trois partent d'un grand éclat de rire.

À propos de l'auteur

Wolfram Hänel est né en Allemagne, à Fulda en 1956. Après des études d'anglais et d'allemand, il voulait devenir enseignant. Mais il a d'abord travaillé dans le théâtre, puis dans la publicité. Et cela lui a tellement plu qu'il a finalement abandonné son premier projet et s'est mis à écrire des pièces de théâtre et des histoires pour enfants. Wolfram Hänel vit aujourd'hui à Hanovre avec sa femme, sa fille Hilkje et son chien Abby. L'aventure qu'il raconte dans ce livre lui est arrivée, à peu de choses près, pendant ses vacances à la Mer du Nord.

À propos de l'illustratrice

Kirsten Höcker est née en 1959 près d'Osnabrück, en Allemagne. Elle a tout d'abord étudié l'histoire de l'art, avant de suivre les cours d'illustration de l'Institut Supérieur d'Art de Berlin. Actuellement, elle travaille comme illustratrice et réalise aussi des dessins animés pour la télévision ainsi que des bandes dessinées pour des magazines. Kirsten Höcker habite et travaille partagée entre Metz et Berlin. Et comme elle a grandi dans une ferme, elle adore les histoires qui parlent d'animaux...

Les enfants apprennent
à lire tout seuls
en s'amusant

Apprendre aux enfants
à lire avec plaisir,
leur faire aimer la lecture comme si c'était un jeu:
tel est le souci des Éditions Nord-Sud
à travers la collection «C'est moi qui lis»
en format de poche.

Cette collection aide les plus jeunes
à découvrir la lecture par:

• un choix de thèmes
destinés aux lecteurs débutants:
des histoires où l'imagination, le rire et le suspense
font que les pages se tournent d'elles-mêmes;

• des textes clairement structurés;

• des illustrations en couleurs qui accompagnent le ré
de bout en bout et en facilitent la compréhension.

Éditions Nord-Sud